Inhalt

Ratlose Strategen - das Börsenjahr 2012 wird schwierig

Kernthesen

Beitrag

Fallbeispiele

Weiterführende Literatur

Impressum

GENIOS WirtschaftsWissen Nr. 01 vom 19.01.2012

Ratlose Strategen - das Börsenjahr 2012 wird schwierig

Robert Reuter

Kernthesen

- Staatspleiten, galoppierende Staatsschulden und halbherzige Gegenmaßnahmen lassen die Aktienmärkte 2012 als unkalkulierbar erscheinen.
- Anlagestrategen reagieren mit Ratlosigkeit. Dennoch wagen sich einige Kenner mit Empfehlungen für eine konsistente Aktienstrategie hervor.
- Empfohlen wird die Einrichtung von Stop-Loss-Untergrenzen, um im Falle des Kursniedergangs Verluste zu begrenzen.
- Lohnende Investments machen die Experten derzeit eher in Schwellenländern

aus - und raten daher zu einer internationaleren Anlagestrategie.

Beitrag

Ratlosigkeit unter Anlagestrategen

Schon das Börsenjahr 2011 war gekennzeichnet von hoher Volatilität, starken Einbrüchen und ad Absurdum geführten Analysen. Schuld am Auf und Ab war die Staatsschuldenkrise, mit immer neuen Krisenmeldungen aus Griechenland, Portugal und zuletzt Italien. Investoren und Anleger brauchten im abgelaufenen Jahr darum starke Nerven. Die werden auch 2012 gefragt sein, denn auch im neuen Jahr sind die Aussichten trübe. Anlageexperten suchen darum nach einer Strategie, die die vielfältigen Risiken zu bannen vermag. (1)

Unkalkulierbare Märkte

Auch erfahrene Börsianer bezeichnen die Märkte inzwischen als unkalkulierbar. Dafür ausschlaggebend ist insbesondere die Unsicherheit darüber, ob der Zerfall der Euro-Zone verhindert werden kann. Die bisher getroffenen Maßnahmen wie der Schuldenschnitt Griechenlands, die Sparprogramme Spaniens und Italiens oder der europäische Rettungsschirm EFSF beruhigen die Aktienmärkte immer nur für kurze Zeit. In den Strudel sind auch die Anleihenmärkte geraten, wie die Herabstufung der Kreditwürdigkeit der USA und kürzlich Frankreichs zeigen. Daher ist davon auszugehen, dass erfolgversprechende Geldanlagestrategien 2012 genauso schwierig zu finden sein werden wie im vergangenen Jahr. (1)

Rezessionsbefürchtungen tun ein Übriges

Nicht besser wird die Situation nach den neuesten Meldungen zur Konjunkturentwicklung. So steht die Landesbank Hessen-Thüringen (Helaba) mit ihrer Annahme nicht allein, dass der Euro-Zone eine milde Rezession bevorstehe. Einige Investmentprofis raten den Anlegern denn auch, sich umzuorientieren, denn "die fetten Jahre sind vorbei. Umso wichtiger ist es darum, bei der Geldanlage einen Mix aus verschiedenen Anlageformen zu wählen. Ziel sollte es sein, das Risiko zu streuen, um doch noch eine vernünftige Wertentwicklung zu erzielen. (3), (4)

Schwächelnde Blue Chips

Zu der unsicheren Lage der Währung und der europäischen Konjunktur gesellen sich hausgemachte Probleme solcher Aktienwerte, die früher zu den Zugpferden im Deutschen Aktienindex (Dax) gehörten. E.On und RWE beispielsweise versinken in Gewinn- und Schuldenproblemen wegen verfehlter Strategien und Irrungen der Energie-Politik. Die Telekom wird gleichzeitig ihre teure US-Fehlinvestition T-Mobile USA nicht los. Und Siemens hat die Aussichten für das bereits seit Oktober laufende neue Geschäftsjahr vorsichtshalber selbst schon einmal zurückgeschraubt. Richtig gut stehen damit nur die deutschen Automobilmarken da, was schon an der Aktienentwicklung im Herbst abzulesen war. Die Aktien von Volkswagen und Porsche legten zwischen Oktober und Dezember 2012 um über 25 Prozent zu. (2)

Unsicherheit in beide Richtungen

Wäre es ausgemacht, dass den Aktienmärkten ein allgemeines Abflauen bevorsteht, könnte eine - freilich risikoorientierte - Anlagestrategie verstärkt auf Zertifikate setzen, die beispielsweise auf den Rückgang des Dax setzen. Für die Annahme eines allgemeinen Rückgangs ist die Situation aber zu unübersichtlich. Falls nämlich die europäische Zentralbank doch noch die so genannte Bazooka auspackt und durch großvolumige Anleihenaufkäufe zum Krisenretter wird, würde dies die Aktienmärkte beflügeln. Aktienexperten empfehlen darum, nicht in den Gesamtmarkt zu investieren und damit auch auf Dachfonds zu verzichten. Besser sei es, auf die Einzeltitel gut aufgestellter Unternehmen zu setzen. (2)

International investieren

Angesichts der Lage in Europa sprechen sich einige Experten für internationale Investments aus. Sie argumentieren, dass die Schwellenländer - Brasilien, Russland, Indien, China - die ungehemmte Schuldenmacherei der westlichen Welt nicht mitgemacht haben und darum über vergleichsweise stabile Aktienmärkte verfügen. Riskant macht ein Engagement in China zwar die dort herrschende Immobilienblase; langfristig ist der chinesische Markt aber dennoch für jeden renditeorientierten Anleger ein Muss. Auf eine sehr gute wirtschaftliche Entwicklung können auch die Türkei und Indonesien verweisen. Dort sind überdurchschnittliche Wachstumsraten schon wegen der demografischen Entwicklung dieser Länder zu erwarten. Wer sich dennoch auf europäische Aktienwerte fokussieren will, wird bei jedem Aktienkauf die Einrichtung eines Stoppkurses (Stop-Loss) geraten. Fällt die Aktie auf diesen Wert, wird sie automatisch verkauft, was den Verlust in Grenzen hält. Die alte Börsenweisheit Hin und Her macht Taschen leer sollte der Anleger in diesen Zeiten ignorieren, denn die frühzeitige Begrenzung von Verlusten ist jetzt die einzige Strategie, mit der der ganz große Knall verhindert werden kann. (1)

Den gesunden Menschenverstand nicht vergessen

Eine Möglichkeit der Aktienauswahl von (kurs-)technischer Natur ist die Orientierung am Kurs-Gewinn-Verhältnis und an der Dividendenrendite. Das Kurs-Gewinn-Verhältnis bildet das Verhältnis zwischen dem Gewinn je Aktie und dem aktuellen Kurs ab. Je niedriger die Kennzahl, desto preisgünstiger ist die Aktie. Die Dividendenrendite setzt die jährliche Ausschüttung an die Aktionäre ins Verhältnis zum aktuellen Aktienkurs. Experten, die diese Kennzahlen als Leitfäden zur Aktienauswahl empfehlen, erinnern jedoch zugleich daran, auch den gesunden Menschenverstand nicht außer Acht zu lassen. Privatanleger sollten auch ihre eigene Einschätzung eines Unternehmens und ihr

Bauchgefühl unbedingt in die Anlageentscheidung einfließen lassen, da menschliche Intuition auch durch Kennzahlen nicht ersetzt werden könne. (4)

Baugelder - Rettung in der Not?

Auf den ersten Blick verführerisch erscheint die Möglichkeit, sein Geld in eine Immobilie zu investieren. Da Hypothekendarlehen auf einem historisch niedrigen Zinsniveau liegen, kann überdies günstig zusätzliches Geld geliehen werden. Vor der Rechnung, dass eine Inflation den Immobilienwert unberührt lässt und nur die Zinsschuld schmälert, muss gewarnt werden. Da die meisten Menschen auch beim Kauf einer Immobilie Bares auf der Bank belassen, kann der Inflation so nicht das erhoffte Schnippchen geschlagen werden. Ein Immobilienkauf ohne Einbehalt größerer Rücklagen hingegen kann sich als gefährlich erweisen, wenn unvorhersehbare Investitionen nötig werden. (5)

Trends

Institutionelle Investoren fliehen in Schwellenländer

Großinvestoren wie Banken, Versicherer oder Pensionsfonds folgen bereits dem Trend zur Internationalisierung ihrer Investments. Da in Europa derzeit nur entweder Sicherheit für wenig Rendite oder hohe Renditen gegen beträchtliches Risiko zu bekommen sind, steht die internationale Streuung bei institutionellen Anlegern derzeit hoch im Kurs. Das Interesse gilt insbesondere den Staatsanleihen von Schwellenländern mit guter Bonität und den Bonds solider Unternehmen. Der Anteil von Schwellenländerbonds am Anleiheportfolio von Großanlegern soll sich seit dem vergangenen Jahr auf immerhin neun Prozent verneunfacht haben. (6)

Fallbeispiele

Frankfurter Allgemeine Zeitung testet Börsenweisheiten

Die Redaktion der FAZ ist daran gegangen, anhand ihres eigenen, einhundert Werte umfassenden FAZ-Börsenindex die Tauglichkeit bekannter Börsenweisheiten zu überprüfen. Begonnen wurde mit der Empfehlung Buy Low, Sell High. Die Regel bedeutet, dass man Aktien kaufen soll, die im Kurs gefallen sind, während Aktien, die gut gelaufen sind, verkauft werden sollten. Die Redaktion simulierte eine Strategie, bei der die besten Branchenindizes des Vorjahres verkauft und die schlechtesten Branchenindizes gekauft werden. Das Ergebnis: Eine solche Strategie wirft nicht viel ab. Sehr viel besser standen (virtuelle) Investoren da, die nur ein Buy Low betrieben - die also nur vergangene Verliereraktien kauften und auf den Verkauf der Gewinneraktien verzichteten.

Als erfolgreicher erwies sich die Befolgung der Regel Sell in May and go away, dont come back until St. Legers Day. Sie besagt, dass der Anleger seine Aktien im Mai verkaufen und erst im Herbst wieder neu einsteigen soll. Im Praxistest der FAZ ließen sich mit der Einhaltung dieser Regel beträchtliche Renditen erzielen. (7)

Weiterführende Literatur

(1) Neue Prinzipien für Anleger > AKTIEN > ETFS > FONDS > ZERTIFIKATE Die Schuldenkrise hat die Finanzwelt auf den Kopf gestellt. Was Sie künftig beachten müssen, und wie Sie Ihr Depot in turbulenten Zeiten sturmfest machen
aus Börse online vom 15.12.2011, Seite 16-22

(2) Auf dem Drahtseil die Balance halten
aus WirtschaftsWoche NR. 052 vom 23.12.2011 Seite

(3) Geldanlage LICHTBLICKE 2012
aus Focus Money, 21.12.2011; Ausgabe: 52; Seite: 34-45

(4) Anlagestrategie – Die fetten Jahre sind vorbei
aus ProFirma, Vol. 15, Heft 01-02/2012, S. 40-44

(5) Mein Viertel, meine Gegend, meine Straße
aus Süddeutsche Zeitung, 03.01.2012, Ausgabe München, Bayern, Deutschland, S. 26

(6) Investoren flüchten vor Europas Schuldenkrise in Schwellenländer
aus Süddeutsche Zeitung, 03.01.2012, Ausgabe München, Bayern, Deutschland, S. 26

(7) Der F.A.Z.-Index zeigt: Man sollte im Mai verkaufen
aus Frankfurter Allgemeine Zeitung, 03.01.2012, Nr. 2, S. 19

Impressum

Ratlose Strategen - das Börsenjahr 2012 wird schwierig

Bibliografische Information der deutschen Nationalbibliothek

Die Deutsche Nationalbibliothek verzeichnet diese Publikation in der deutschen Nationalbibliografie; detaillierte bibliografische Daten sind im Internet über http://dnb.d-nb.de abrufbar.

ISBN: 978-3-7379-1283-9

© 2015 GBI-Genios Deutsche Wirtschaftsdatenbank GmbH, Freischützstraße 96, 81927 München, www.genios.de

Alle Rechte vorbehalten. Dieses Werk ist einschließlich aller seiner Teile – z.B. Texte, Tabellen und Grafiken - urheberrechtlich geschützt. Jede Verwertung außerhalb der Grenzen des Urheberrechtsgesetzes bedarf der vorherigen Zustimmung des Verlags. Dies gilt insbesondere auch für auszugsweise Nachdrucke, fotomechanische Vervielfältigungen (Fotokopie/Mikroskopie), Übersetzungen, Auswertungen durch Datenbanken oder ähnliche Einrichtungen und die Einspeicherung und Verarbeitung in elektronischen Systemen.